SILVIO PELLICO

LETTERE AGLI EX COMPAGNI DI PRIGIONIA ALLO SPIELBERG: ALEXANDRE ANDRYANE E PIETRO BORSIERI

Edizione critica

a cura di Cristina Contilli

1

Lulu.com

3101 Hillsborough Street

Raleigh, NC 27607

USA

Printed in 2013.

Nuova edizione: settembre 2017

Per comprare il cartaceo.

http://www.lulu.com/shop/silvio-pellico/lettere-agli-ex-compagni-di-prigionia-allo-spielberg-alexandre-andryane-e-pietro-borsieri/paperback/product-21368164.html

INTRODUZIONE

Costretto ad otto lunghi anni di silenzio (ai detenuti chiusi nello Spielberg era vietata, infatti, ogni corrispondenza) il Pellico percepisce la possibilità di riprendere gli scambi epistolari come uno dei segni del proprio ritorno alla vita.

Nelle lettere il Pellico definisce spesso il carcere con termini come "tomba" o "sepoltura" e parla della grazia come di un ritorno dalla morte alla vita.[1]

Giunto in Italia nel 1823, per creare un contatto tra i rivoluzionari francesi e i cospiratori italiani, aderenti alla setta segreta dei Federati, Alexandre Andryane ex ufficiale napoleonico che si era avvicinato agli ambienti carbonari più per difficoltà economiche e sentimentali che per profonde convinzioni rivoluzionarie era stato arrestato e condannato prima alla pena di morte e poi all'ergastolo.[2]

---

1 «Con qual fraterna commozione e gratitudine ho letto, appena qui giunto, ciò che scrivesti a Luigi in aprile, dimandandogli, ov'io fossi. - Oh, amica! Ov'io era? Nella più solitaria e più misera della sepolture! - Iddio sia benedetto che me ne ha tratto, e che di più m'ha conservato ambo i Parenti e due fratelli e una sorella! - e alcuni amici» (Lettera a Quirina Mocenni Magiotti del 28 settembre 1830 pubblicata in S. PELLICO, *Lettere alla donna gentile*, pubblicate a cura di L. CAPINERI-CIPRIANI, Roma, Società editrice Dante Alighieri, 1901, pp. 62-64).

2 A. ANDRYANE, *Mémoires d'un prisonnier d'État au Spielberg*, I,

Il carcere sarà per Andryane un'esperienza dura e difficile, ma grazie alla giovane età e ad uno spirito avventuroso ed ironico l'Andryane la supererà con più "leggerezza" (almeno questa è l'impressione che si ricava dalla lettura delle sue Memorie) rispetto sia ad un uomo sensibile d'animo e delicato di salute come il Pellico sia ad un nobile come Federico Confalonieri, abitato alla vita mondana milanese e ad un'esistenza ricca di impegni, agi e soddisfazioni che con la condanna all'ergastolo vede chiudersi per sempre di fronte a lui.

Nelle lettere il Pellico chiama Alexandre Andryane «Alessandro», come se, combattendo per la libertà dell'Italia, l'Andryane avesse acquistato una doppia cittadinanza, quella francese per le proprie origini e quella italiana per le sofferenze affrontate allo Spielberg insieme con i patrioti italiani.

Il forte vincolo di solidarietà e di compassione, che si era creato allo Spielberg tra i prigionieri politici, si rivela pienamente in queste parole del Pellico, tratte da una lettera del 25 maggio 1832 indirizzata al Maroncelli:

Alessandro è oppresso dal peso de' suoi infortunii e degli infortunii altrui. Ma finalmente è restituito ai vivi, ei prenderà nuove abitudini che lo vincoleranno con qualche dolcezza alla vita, ed ei ridiverrà utile a

---

Paris, Ladvocat, 1837.

sé e agli altri. Da parecchie settimane m'era nota la liberazione di esso, ed io ne giubilava per lui, per te, per tutti coloro che lo amavano. Appena seppi questo felice evento, gli scrissi: a quest'ora avrà ricevuta la mia lettera. Consolati, consolatevi a vicenda: la fratellanza delle catene è sacra; puovvene essere di più indissolubile?

Allo Spielberg l'Andryane era stato compagno di cella di Federico Confalonieri di cui aveva sempre ammirato il coraggio e la forza d'animo e di cui ha lasciato nelle sue *Memorie,* pubblicate a Parigi tra il 1837 e il 1838, un ritratto eroico.

Le Memorie di Andryane e di Pellico, uscite a pochi anni di distanza le une dalle altre, vengono citate da Stendhal nella *Certosa di Parma.*

Una citazione ironica richiama il racconto di Andryane sul comportamento ambiguo di don Stefano Paulovich, sospettato di usare nei rapporti che inviava a Vienna anche le rivelazioni che i detenuti politici gli facevano nel segreto della confessione:

Per confessore scelse un giovane prete intrigante che voleva diventar vescovo come il confessore dello Spielberg.[3]

---

3 STENDHAL, *La certosa di Parma,* Roma, Newton Compton, 1993, p. 54.

Una citazione tragica richiama invece *Le mie prigioni* di Pellico e in particolare il racconto dell'amputazione di Piero Maroncelli:

Voi sareste andato allo Spielberg, caro nipote, [afferma nel romanzo il conte Mosca rivolgendosi al nipote della moglie che era entrato illegalmente in Lombardia per rivedere i luoghi della propria infanzia] e tutta la mia autorità sarebbe bastata appena a far diminuire d'una trentina di libbre le catene ai vostri piedi. Vostra Eccellenza avrebbe passato in quella casa di delizie una decina d'anni: fors'anche le vostre gambe si sarebbero incancrenite e ve le avrebbero molto pulitamente tagliate.[4]

Nella presente edizione sono contenute sette lettere, indirizzate dal Pellico al Borsieri che coprono il periodo 1842-1849.

Le lettere indirizzate a Borsieri sembrano scritte guardando più al passato che al presente. Del presente il Pellico sottolinea soltanto la debolezza della propria salute e l'amore per la lettura, una piccola consolazione a cui proprio le sue pessime condizioni di salute lo costringono spesso a rinunciare.

Scrive, infatti, il Pellico in una lettera affettuosa, ma triste del 22 agosto 1842, indirizzata a Pietro Borsieri:

---

[4] STENDHAL, *La certosa di Parma,* cit. , p. 95.

Tutto ciò che or mi dicono di te e del nostro Porro mi ravviva, m'allegra; parmi quasi d'avere un poco rivissuto con voi, amici del mio cuore. odo con gioia che il tuo aspetto indica buona salute e che non invecchi. Io fo miracoli stando fuori dal letto, ma questo è tutto, e dal più al meno patisco sempre di petto e di testa; e con tali miserie pur si vive! Una felicità che mi conforta e che molto sento, si è quella di essere amato da anime eccellenti. Il loro numero, pur troppo, m'è stato diminuito da tante morti! E come non ripensarvi ad ogni tratto? - Anche a te è sovvenuto di Lodovico nel giorno 15 di funesta ricordanza. Tu non hai mai saputo, ed io soltanto lo seppi dopo il 1830, dai suoi intimi, che quell'anima buona santificò il suo passaggio esprimendo grande pentimento delle passate debolezze, e dichiarandosi disingannato dalle perplessità del deismo, e aderente a tutti i dogmi cattolici. [...] Aspetto fra qualche mese il romanzo che hai tradotto e già godo al pensiero di quella lettura. - Io leggo, ma poco scrivo, e non so se mai più terminerò qualche cosa di varii miei abbozzi; - il che veramente non importa.

Nei primi anni dopo l'uscita dallo Spielberg il ritorno alla scrittura rappresenta per Silvio Pellico una gioia, ma anche un dovere morale.

La speranza di far del bene attraverso la scrittura si scontra però con le polemiche suscitate dai suoi scritti, ma anche con le invidie di alcuni letterati torinesi.

Le divergenze e le incomprensioni più profonde si creano con l'abate Goffredo Casalis che nello scontro Pellico-Gioberti si schiera dalla parte di quest'ultimo e con il drammaturgo Angelo Brofferio, rappresentante di un teatro "politico" da cui il Pellico si sente col passare degli anni sempre più lontano.

Le ultime pubblicazioni del Pellico, a cui segue un silenzio decennale durato fino alla morte, sono due pubblicazioni d'occasione: l'ode *In nascita di S.A.R. Umberto principe di Piemonte* pubblicata dalla Tipografia Marietti di Torino nel 1844 e la cantica *Tasso e tre amici* inserita in un'antologia dedicata al terzo centenario della nascita di Torquato Tasso.

Questo distacco dalla scrittura può essere interpretato non solo come un segno di sfiducia nella vita e di ripiegamento nel proprio mondo interiore, ma anche come una conseguenza dell'aggravarsi delle condizioni di salute del Pellico che sceglie di riservare le poche forze rimastegli alle opere di carità trascurando la scrittura. [5]

Consapevole dei propri limiti umani e stilistici il Pellico sembra nelle ultime lettere voler affidare agli scrittori più giovani il compito di realizzare quell'unione tra valori morali e bellezza che non era riuscito a realizzare nei propri versi.[6]

---

[5] S. PELLICO, *Le mie Prigioni ed altri scritti scelti,* con introduzione e commento di E. BELLORINI, Milano, Vallardi, 1907, pp. XLVII-LIII.

La lettera del 10 giugno 1853 indirizzata a Carlo Maria May assume per questo il valore di un testamento spirituale e letterario:

I suoi versi palesano ingegno e me ne congratulo. L'assicuro che io non so punto dare insegnamenti agl'intelletti che hanno disposizione alla coltura letteraria. Il solo consiglio che dar posso, si è di studiare i grandi maestri e di congiungere a questo studio la nobile cura di non produrre componimenti né irreligiosi, né malevoli, né dipingenti veruna immorale avventura. Non bisogna mai servirsi dell'ingegno per abbellire il male, ma bensì per dar rilievo alla virtù, per innamorare l'uomo de' suoi doveri. Si veda in ogni invenzione poetica una tendenza a nobilitare, a santificare, ad ispirare compassione, carità, giustizia, sapienza cristiana. - Tali sono state le norme che ho cercato di seguire; non ho saputo riuscirvi con sufficiente valore, ma quest'era il mio intento.

---

6 «Tu mi onori chiedendomi in dono quelle mie meschine produzioni; quand'io abbia un incontro te le manderò. Ho sentito il bello, ma l'ho espresso sempre debolmente» (Lettera a Pietro Borsieri del 22 agosto 1842).

REGNO LOMBARDO-VENETO.

SENTENZA.

1. PIETRO MARONCELLI nativo di Forlì.
2. SILVIO PELLICO di Saluzzo.
3. ANGELO del fu GIOVANNI CANOVA di Torino.
4. ADEODATO RESSI di Cervia.
5. GIACOMO ALFREDO REZIA' di Bellagio.

GUGLIELMO CONTE GARDANI *Presidente.*

La sentenza di condanna di Silvio Pellico, Piero Maroncelli e degli altri patrioti processati con loro nel 1820-1822.

Lith. de Delp

Alexandre Andryane in una litografia del 1838.

AD ALEXANDRE ANDRYANE[7] E A SUA COGNATA PAULINE:

1.

[Torino, 14 febbraio 1831][8]

Signora, compagno di sventura del nostro Alessandro, ahimé! Non l'ebbi per compagno nel giorno che uscii dallo Spielberg; ma lo vidi anche nella stessa mattina in cui mi fu annunciata la grazia, cioè nel 1° agosto 1831. Ogni comunicazione tra noi fu sempre proibita: io nol vedeva che la domenica alla messa, senza però potergli parlare; tuttavia, o signora, nel corso di tanti anni di dolori

---

7 Ex ufficiale dell'esercito napoleonico e compagno di cella allo Spielberg del conte Federico Confalonieri. Giunto a Milano nel 1822 per vedere se era possibile una collaborazione tra la Carboneria francese e la setta segreta dei Federati fondata dallo stesso Confalonieri era stato arrestato, processato e condannato prima a morte e poi a 15 anni di carcere. Graziato nel 1832 era tornato a Parigi, ma aveva mantenuto buoni rapporti con gli ex compagni di prigionia fino alle pubblicazione delle sue Memorie tra il 1837 e il 1838 che avevano suscitato scontento e polemiche per i fatti raccontati.

8 Pubblicata in A. ANDRYANE *Memorie di un prigioniero di stato nello Spielberg*, Milano, Libreria di Francesco San Vito, 1861.
Autografo nell'Archivio Quetelet di Bruxelles.

comuni i nostri cuori trovarono più volte la maniera di dirsi l'un l'altro quello che soffrivano. Spesso egli mi raccomandò, nel caso che uscissi dal carcere prima di lui, di dar sue nuove alla sua famiglia, alla sua diletta cognata. Egli stava bene di salute il 1° d'agosto, e dal suo volto, quantunque pieno di mestizia, traspariva il coraggio e la rassegnazione. Se mai vi accade, o signora, di ricevere buone nuove di Alessandro vi supplico per la fratellanza di lacrime che a lui mi unisce, di trasmettermele con qualche mezzo particolare.

Vostro Silvio Pellico

2.

[Torino, 4 novembre 1837][9]

Mio caro Alessandro,
mi si presenta l'occasione di mandarti un esemplare delle mie Poesie e vi unisco un esemplare di esse pel nostro carissimo Federico e altro per Porro.[10] Gradisci il mio piccolo dono come ricordanza amichevole; gli altri due esemplarii

---

9 Autografo nell'Archivio dell'Istituto per la Storia del Risorgimento Italiano di Roma.
Pubblicata in S. PELLICO, *Due lettere inedite*, Pescia, Tipografia Benedetti e Niccolai, 1921.

10 I conti milanesi Federico Confalonieri e Luigi Porro.

mandali a Federico; se è già a Montpellier, egli farà tenere a Porro il suo. – Io sono incantato di quello che conosco delle tue Memorie. Vi vedo il tuo nobilissimo cuore e il molto ingegno e discernimento. Ma sappi che non conosco se non gli squarci riferiti dai giornali. Que' tuoi due volumi non li ho e nessuno dei miei amici ha ancora potuto averli in Torino: pare che siano tenuti alle frontiere come libri da impedirsene l'entrata. – Tuttavia sicuramente li avrò. Intanto ti fo plauso perché, al dire di tutti, sono opera degna di te. – del che mi sono garanti que' frammenti che ne ho letti. Te ne benedico di cuore e ti ringrazio della benevolenza che attesti eziandio pel tuo Silvio.

Puoi immaginare quante commozioni la venuta di Federico sul continente[11] m'abbia destate e come io mi sia sdegnato e addolorato del non aver esso avuto la permissione di stare in Parigi.

Dopo di allora gli ho scritto due volte e sono certo che le mie lettere gli sono pervenute. Quando lo saprò infallibilmente a Montpellier, la mia corrispondenza con lui sarà più facile. Dimmi come l'hai trovato di salute. Dimmi se tu medesimo stai bene e specialmente se la tua vista che erasi tanto indebolita in carcere, abbia riacquistato sufficiente

---

[11] Il conte Federico Confalonieri era tornato dagli Stati Uniti in Europa, ma non essendo potuto rimanere sul territorio francese si era spostato in Belgio dove vivevano ormai in esilio da diversi anni i conti Arconati.

forza. Dimmi altresì qualche parola del tuo caro ménage.[12] Hai tu la consolazione di aver prole? Lo spero e spero e bramo che tu abbia tutte le dolcezze domestiche.
Non dimenticarmi presso l'ottima tua cognata. Del mio stato di salute non posso dirti gran bene. Sono pieno di piccoli patimenti. Dacché non ti ho visto le afflizioni non mi sono mancate: la maggiore è stata la perdita della mia povera madre.
Ho la fortuna d'avere intorno a me un certo numero d'eccellenti persone che mi amano: l'essere amato è il più prezioso dei conforti umani.
T'abbraccio con tutta l'anima e sono il tuo

Aff. Mo amico Silvio

Torino, 4 nov. '37

3.

[Vicino a Torino, 24 giugno 1852][13]

Mio caro Alessandro,

---

[12] Andryane era uscito dal carcere nel 1832 e tre anni dopo si era sposato.

[13] Copia di lettera conservata nella Biblioteca Nazionale di firenze. All'epoca della trascrizione l'originale era conservato alla Nazionale di Parigi, ma io purtroppo, nonostante le ricerche effettuate, non sono riuscita a rintracciarlo.

quando io riceveva la tua sì buona lettera, io voleva risponderti subito, ma la mia povera salute mi diede molto a soffrire e aspettai di riacquistare un po' di respiro. Io mi proponeva anche d'andare a vedere l'ottima Paulin, i giorni passarono, e con mio rincrescimento finii per partire senza vederla [più], ma ella comprende il mio lutto con indulgenza,[14] son certo che mi perdonerà.
Spero che il figlio di sua figlia, la cui debole sanità la teneva inquieta, si sarà rinforzata. Pauline m'aveva dimandato di unire le mie preghiere alle sue per la guarigione di quel caro giovane. L'ho fatto di tutto cuore a Roma e lo fo costantemente ancora.[15]

---

[14] In un'articolo di H. Bedarida dedicato ad una poesia e alcune lettere inedite del Pellico la frase viene trascritta "ella è così indulgente", il testo però almeno nella copia si legge male perché l'inchiostro ha macchiato il foglio per cui io ho ipotizzato che Pellico fosse abbattuto anche la recente morte della contessa Cristina Archinto Trivulzio, avvenuta nel maggio del 1852.

[15] Qui si interrompe la trascrizione, ma la lettera sembra dal contenuto verso la conclusione e quindi si sono tagliati probabilmente solo i saluti finali.

Carlotta Merchionni, celebre artista drammatica: rappresentò, la sera del 18 agosto 1815, la "Francesca da Rimini" di Silvio Pellico, al Teatro Re di Milano.

Pietro Borsieri (1788-1852), scrittore garbato, uno dei collaboratori del "Conciliatore", più tardi condannato al carcere duro dello Spielberg. (Museo Risorgimento, Milano).

L'attrice Carlotta Marchionni e lo scrittore Pietro Borsieri in due ritratti conservati al museo del Risorgimento di Milano.

A PIETRO BORSIERI[16]

1.

[Torino, 22 agosto 1842][17]

Carissimo Borsieri.
Briano e Fea[18] sono grandi estimatori del tuo ingegno ed esultano d'averti conosciuto. Esultano

---

[16] **Borsieri, Pietro** (Milano 1788 - Belgirate [Novara] 1852) Proveniente da una famiglia nobile trentina, dopo essersi laureato in giurisprudenza presso l'Università di Pavia, lavorò nell'amministrazione austriaca. Collaboratore della rivista *Il Conciliatore*, partecipò alla polemica classico-romantica, pubblicando nel 1816 le *Avventure letterarie di un giorno*. Arrestato nel 1822 venne condannato nel 1824 a vent'anni di carcere duro da scontare nello Spielberg. Compagno di cella di Gaetano De Castillia, venne graziato nel 1836 e deportato negli Stati Uniti assieme agli altri ex detenuti politici. Rientrato in Europa nel 1838 venne ospitato dai marchesi Arconati nel loro castello di Gasbeeck in Belgio. Tornato a Milano nel 1840 grazie ad un'amnistia si dedicò al lavoro di traduttore. Nel 1848 partecipò alle Cinque Giornate di Milano e, al ritorno degli Austriaci, si rifugiò in Piemonte. (M. L. ORSINI LALLI, *Pietro Borsieri tra martiri e letterati*, Pescara, Edizioni Aternine, 1961).

[17] *Al Nobile Uomo / Pietro Borsieri / Milano / Regno Lombardo - Veneto*

Autografo nell'Archivio dell'Istituto per la storia del risorgimento italiano di Roma (Busta 261, inserto 48, lettera 1). Inedita.

[18] Gli scrittori piemontesi Giorgio Briano e Leonardo Fea.

egualmente della conoscenza fatta di Porro,[19] e non hanno bastanti parole a ridire quant'egli abbiali, in città ed in villa, colmati di gentilezze. Porro poteva più di te, mio caro, occuparsi di loro, e perciò a lui solo li raccomandai, ma era appunto mia brama che teco s'incontrassero, siccome è avvenuto. Tutto ciò che or mi dicono di te e del nostro Porro mi ravviva, m'allegra; parmi quasi d'avere un poco rivissuto con voi, amici del mio cuore. odo con gioia che il tuo aspetto indica buona salute e che non invecchi. Io fo miracoli stando fuori dal letto, ma questo è tutto, e dal più al meno patisco sempre di petto e di testa; e con tali miserie pur si vive! Una felicità che mi conforta e che molto sento, si è quella di essere amato da anime eccellenti. Il loro numero, pur troppo, m'è stato diminuito da tante morti! E come non ripensarvi ad ogni tratto? - Anche a te è sovvenuto di Lodovico nel giorno 15 di funesta ricordanza.[20] Tu non hai mai saputo, ed io soltanto lo seppi dopo il 1830, dai suoi intimi, che quell'anima buona santificò il suo passaggio esprimendo grande pentimento delle passate debolezze, e dichiarandosi disingannato dalle perplessità del deismo, e aderente a tutti i dogmi

---

19 Il conte milanese Luigi Porro, di cui, dal 1816 al 1820, Silvio Pellico era stato segretario e precettore dei due figli, Giulio e Giacomo.

20 *Lodovico* è lo scrittore torinese Ludovico di Breme morto il 15 agosto del 1820.

cattolici. Ho somma fiducia che lo rivedremo nell'eterna vita, e con lui tutti i cari che ci hanno preceduti. - tu mi onori chiedendomi in dono quelle mie meschine produzioni; quand'io abbia un incontro te le manderò. Ho sentito il bello, ma l'ho espresso sempre debolmente.
Aspetto fra qualche mese il romanzo che hai tradotto e già godo al pensiero di quella lettura.[21]- Io leggo, ma poco scrivo, e non so se mai più terminerò qualche cosa di varii miei abbozzi; - il che veramente non importa.
Addio, ama sempre il tuo
Silvio Pellico
Torino, 22 ag. to 42

Carissima Francesca, e voi abbiatevi qui un saluto pieno di gratitudine per la dolce amicizia che mi conservate. Anche voi avete profondi dolori ed un'anima squisita per patire. Ne gemo fraternamente, e prego il Signore d'ajutarvi, d'arricchire di meriti voi, le sorelle, il fratello. Coraggio! L'ajuto di Dio non è un sogno; domandiamolo ogni giorno, ed ogni giorno lo riceveremo. I miei saluti a Marianna ed Emilia. - Spesso in ispirito m'aggiro nell'afflitta vostra casa, e mi considero ognora come uno de' vostri fratelli.

---

21 Pietro Borsieri stava traducendo il romanzo *L'antiquario* dello scrittore inglese Walter Scott.

2.

[Torino, 18 aprile 1843][22]

Mio carissimo Borsieri,
una dolorosissima sventura colpisce il cuore del nostro buon La Cisterna[23]: egli è qui per poche ore, e riparte stasera per Parigi. Mentr'egli veniva a Torino, gli si ammalarono di rosolia le due più care persone ch'egli avesse; cioè la marchesa di Breme, sua sorella, e la figlia di essa, giovane ottima che La Cisterna amava come figlia: ambo sono morte; e, giunto egli appena a Torino, qui gli arrivò la orribile notizia. Mi dice di parteciparti la sua disgrazia, e soggiungerti che gli increscee di non potersi qui fermare, dov'egli sperava che fra alcuni giorni tu fossi venuto ad abbracciarlo.

---

22 *Al Nobile Uomo / Pietro Borsieri / Milano*
Autografo nell'Archivio dell'Istituto per la storia del risorgimento italiano di Roma (Busta 261, inserto 48, lettera 2). Pubblicata parzialmente in S. PELLICO, *Epistolario*. Raccolto e pubblicato a cura di G. STEFANI, Firenze, Le Monnier, 1856, pp. 250-251.

23 Il conte torinese Emanuele Dal Pozzo della Cisterna (Torino 1787-1864) che, a causa della sua partecipazione alla rivoluzione piemontese del 1821, era stato condannato a morte e viveva in esilio a Parigi. (F. LEMMI, *Il processo del principe della Cisterna*, Torino, Collegio degli artigianelli, 1922).

Siamo tutti fuori di noi. Breme, che ha perduto moglie e figlia, è a Parigi, ammalato egli stesso. La sorella di Breme, Ernestina Contessa di Castellenghe, è pur a Parigi, consumata da lunga malattia ed omai al suo fine.
[Ti lascio per andar a passare qualche momento ancora con La Cisterna. Scrivigli qualche parola d'amicizia a Parigi.
Tante cose alle tue sorelle e agli amici.]
Il tuo Silvio Pellico

3.

[Vigna Barolo, 22 maggio 1843][24]

Carissimo Borsieri.
Tu arriverai dunque che sarò in campagna; ma quando partirai di Milano, scrivimi due righe, e procurerò d'essere subito in città per abbracciarti. Qual piacere avrò nel rivederti, mio caro amico! Il sig. Gastone m'ha recato il romanzo; ti ringrazio del dono, e leggerò questo libro con gusto. Non ho ancora potuto incominciare; ho dolori di capo assai penosi e le solite mancanze di respiro. Leggerò

---

24 *Al Nobile Uomo / Pietro Borsieri / Milano*
Autografo nell'Archivio dell'Istituto per la storia del risorgimento italiano di Roma (Busta 261, inserto 48, lettera 3). Inedita.

quando starò meglio. - M'è pur giunta la seconda tua lettera. Stasera farò presentare la breve supplica con cui chiedi l'adesione del Re alla tua venuta. M'hanno detto che siffatte suppliche vanno date al Ministro degli Affari Esteri, conte Solaro della Margherita.[25] Io la fo dunque rimettere a lui. Certo, non vi sarà difficoltà a concederti questo ingresso nei regii regni, poiché s'è conceduto a Porro. - La Cisterna non è ancora a Torino, ma forse è già a Reano, castello suo e luogo delle sepolture di famiglia. Ei vuol fermarsi alcuni giorni a Reano in que' funebri doveri, poi verrà.
Salutami carissimamente Confalonieri; ma anche questa volta la mia speranza ch'ei passasse a Torino, è andata delusa. Spero almeno che or farà presto una corsa fin qua. Digli tante cose. - Gli scriverò.
I Porro saranno in campagna. Se li vedi, me li saluterai.

---

[25] Clemente Solaro della Margherita (Cuneo 1792 - Torino 1869) Uomo politico piemontese, di idee reazionarie, dal 1835 al 1847 ricoprì l'incarico di ministro degli Esteri, incoraggiando il re Carlo Alberto a seguire una politica ostile alla Francia. Dal 1854 al 1860 fu senatore nel parlamento piemontese e osteggiò la politica di Cavour. A sostegno delle sue idee conservatrici scrisse le opere: *Memorandum storico-politico, Gli avvedimenti politici* e *L'uomo di stato indirizzato al governo della cosa pubblica.* (M. MONACO, *Clemente Solaro della Margherita: pensiero ed azione di un cattolico di fronte al risorgimento,* Torino, Marietti, 1955).

Ringrazia tua sorella Francesca delle amichevoli espressioni che ha aggiunte alla tua lettera. Salutami essa e le altre vostre buone sorelle. Conservatemi vivo ne' vostri eccellenti cuori. - T'abbraccio e sono
il tuo aff. ^{mo} Silvio Pellico

4.

[Torino, 12 giugno 1843][26]

Ti scrivo per mezzo del nostro Federico ciò che finora so della supplica. Come già t'ho detto nella mia precedente, il ministro la presentò al Re ed il Re la mandò al Conte Lazzari per informazioni. Oggi mi viene annunziato che l'esito sembra incerto, il che mi dispiace assai assai. Voglia il Cielo che ogni nube si diradi, e si risponda un bel sì! Ecco il motivo del ritardo e dell'incertezza in cui siamo ancora. Il Conte Lazzari non ha potuto prescindere di chiedere contezza di te alla polizia di Milano, e questa ha scritto che non v'è niente contro la tua condotta, ma che non hai ragioni per venire in

---

26 *D. Pietro Borsieri / Milano*
Autografo nell'Archivio dell'Istituto per la storia del risorgimento italiano di Roma (Busta 539, inserto 33, lettera 1). Inedita.

Piemonte, fuorché il tuo desiderio di veder La Cisterna. Insomma senza che ti si dia alcuna taccia, pur sembra che costà non abbiano propensione ad approvare siffatta visita d'amicizia. Temo che questo sia sufficiente a farti ricusare la bramata adesione. Tuttavia non si sa ancora come definitivamente si risponderà, e perciò serbo un filo di speranza. Addio. – Non temo alcuna taccia, pur sembra che costà non abbiano propensione ad approvare siffatta visita d'amicizia. Federico[27] ha potuto darmi poche ore. Oh quanto mi hanno consolato! ma troppo presto fuggono. Egli ti parlerà di me, e ti dirà altresì che sarei lietissimo di riabbracciarti. Avrò io questo piacere adesso, od in

---

[27] Federico Confalonieri (Milano 1785-Hospental [Svizzera]1846) Nobile milanese, finanziatore insieme al conte Luigi Porro Lambertenghi della rivista *Il Conciliatore*, creò la sette segreta dei Federati per lottare contro la dominazione austriaca. Arrestato dopo le confessioni di Giorgio Pallavicino venne condannato a morte, ma, grazie ad una petizione firmata da molti esponenti dell'aristocrazia e dall'arcivescovo di Milano, la sua pena venne commutata in quella del carcere a vita. Liberato dallo Spielberg nel 1836 venne deportato negli Stati Uniti. Rientrato a Milano grazie ad un'amnistia si sposò, in seconde nozze, con la nobildonna irlandese Sofia O'Ferral. Nel 1830 era morta, infatti, la prima moglie di Federico Confalonieri la contessa Teresa Casati che aveva compiuto diversi viaggi a Vienna per ottenere dall'imperatore austriaco prima la revoca della condanna a morte e poi condizioni di prigionia meno dure per il marito. (G. RUMI (A CURA), *Federico Confalonieri aristocratico progressista nel bicentenario della nascita (1785-1985)*, Milano, Cariplo, 1987).

tempo più lontano? Appena mi sarà nota la determinazione presa sulla tua domanda, te la scriverò.
T'abbraccio. Salutami le sorelle e gli amici.
Il tuo Silvio Pellico
12 giugno 43

Confalonieri ti saluta caramente e quando avrai un momento di tempo desidera parlarti.

5.

[Vigna Barolo, 4 ottobre 1844][28]

Mio carissimo Borsieri.
Eccoti dunque fra noi: la mia esultanza sarebbe somma se potessi subito volare a Reano ad abbracciarti. In questa stagione il mio respiro va così miseramente che sono costretto ad evitare il moto, e se m'arrischiassi, giungerei forse costà asmatico da non portarti gioia ma dolore. E dunque uopo, mio buon amico, che tu venga a trovarmi alla Vigna Barolo. T'aspetto con ansietà. Non mi dici nel tuo viglietto nulla di Francesca. La tua venuta in

---

[28] Autografo nell'Archivio dell'Istituto per la storia del risorgimento italiano di Roma (Busta 69, inserto 44, lettera 1). Inedita.

Piemonte mi dà speranza ch'ella sia risanata. Vivo afflittissimo della malattia di Confalonieri che odo esser grave. - Addio, vieni, sono desideroso d'abbracciarti. Salutami l'ottimo La Cisterna che sarebbe ottimissimo se qua t'accompagnasse.
il tuo Silvio Pellico
4 ott. 44

6.

[Torino, 2 gennaio 1849][29]

Caro Borsieri.
Voleva io pure darti il capo d'anno e cercarti finch'io ti trovassi, ma vivo desiderando molto, e sempre poco facendo. La tua indulgente amicizia si contenta e mi capisce. Grazie del tuo saluto. Avrò caro che mi presenti il D. re Guerzoli. Sono per lo più in casa, ma siccome i per lo più non danno luce che appaghi, scegli per domani o posdomani o giovedì dalle ore 11 alle 4 ½. Ovvero se così non t'accomoda, scrivimi il giorno e l'ora della tua venuta.
L'inverno mi maltratta; nondimeno esco talvolta di casa, e quel balsamo anche gelato d'aria mi

---

[29] Autografo nell'Archivio dell'Istituto per la storia del risorgimento italiano di Roma (Busta 293, inserto 17, lettera 1). Inedita.

conforta. Godo l'aria come uno de' beni che mi restano, e sono scarsi. Così godo incontrando uomini assennati fra la turba de' guastamestieri. E' pochino, ma ristora.
Scrivendo alle tue buone sorelle, rammentami alla loro benevolenza. Teco sanno ch'io v'auguro tutte le consolazioni che bramar potete. - Forse Giorgio Pallavicino[30] è ancora a Torino; se lo vedi, fagli i miei saluti. Idem al nostro Berchet.
T'abbraccio e sono il tuo
Silvio Pellico

---

30 Giorgio Pallavicino (Milano 1796-Torino 1878) Nobile milanese, nel 1820 andò a Torino con Gaetano De Castiglia e Giuseppe Arconati per prendere contatto con i rivoluzionari piemontesi. L'anno dopo venne arrestato per aver aderito alla setta segreta dei Federati e compromise con le sue rivelazioni Federico Confalonieri. Condannato nel 1824 a vent'anni di carcere duro da scontare nello Spielberg, fu trasferito nel 1832 nella prigione di Gradisca, a causa delle sue precarie condizioni fisiche e mentali. Nel 1835 ottenne di essere mandato al confino a Praga. Nel 1837, dopo la pubblicazione delle *Memorie* di A. Andryane, scrisse un libro in cui giustificava i propri comportamenti e rimetteva in discussione l'immagine eroica che Andryane aveva dato di F. Confalonieri. Giorgio Pallavicino si riscattò dalle ammissioni fatte sia durante il processo sia durante la detenzione allo Spielberg, partecipando alle Cinque Giornate di Milano e svolgendo l'attività di senatore nel parlamento piemontese. (A. VANNUCCI, *I martiri della libertà italiana dal 1794 al 1848. Sesta edizione con molte aggiunte e correzioni,* Milano, L. Bortolotti e C. Tipografi-Editori, 1878).

7.

[Torino, 6 gennaio 1849][31]

Carissimo Borsieri.

Avendoti nella risposta mia detto le ore che ne' dì passati, io era di certo in casa, sperava avere il piacere di vederti e di conoscere il tuo amico Guerzoli. Non vorrei che tu fossi stato ritenuto da incomodi di salute. Per carità, fa di star sano più di me. - Nei giorni che seguono, ho diverse ore non libere, ma lunedì ed in tutto il corso della settimana, sarò a tua disposizione dalle ore 3 alle 4 ½.

T'abbraccio di tutto cuore e sono il tuo

Silvio Pellico

6 genn. 49

---

[31] Autografo nell'Archivio dell'Istituto per la storia del risorgimento italiano di Roma (Busta 293, inserto 17, lettera 2). Inedita.

Edizioni dell'epistolario di Silvio Pellico

A. ALEARDI, A. CESARI. S PELLICO, *Lettere estratte dalla raccolta di autografi posseduta dal signor Giovanni Soster di Valdagno*, Schio Tipografia Manin, 1881.
(Contiene una lettera di Silvio Pellico indirizzata al canonico Antonio Grippa datata 12 ottobre 1838).

M. BRIGNOLI, *Lettere inedite di Silvio Pellico* in *Saluzzo e Silvio Pellico nel 150. de "Le mie prigioni". Atti del Convegno di studio : Saluzzo, 30 ottobre 1983*, a cura di A. A. MOLA, Torino, Centro di studi piemontesi, 1984, pp. 43-73.

(Contiene ventuno lettere indirizzate a Giuseppina Pellico, sorella di Silvio, scritte tra il 1844 e il 1853; nove lettere indirizzate a Giulio Caponago, scritte tra il 1836 e il 1851; una lettera indirizzata al conte E. De Seguins-Vassieux, datata 19 settembre 1832; una lettera indirizzata al critico letterario dell'*Antologia* Giuseppe Montani, datata 19 febbraio 1833; una lettera indirizzata al conte torinese Cesare Balbo, datata 8 giugno 1833; una lettera indirizzata al padre domenicano Raimondo Feraudi, priva di data; una lettera indirizzata a mons. Filippo Artico, vescovo di Asti, datata 14 agosto 1843; una lettera indirizzata al conte Vincenzo Piccolomini, datata 20 dicembre 1844; una lettera indirizzata a J. A. Martigny, datata 25 giugno 1845; una lettera indirizzata a Roberto Parenti, console del Re a Livorno, datata 1° gennaio 1848; una lettera indirizzata ad Emilia, priva di data).

D. CHIATTONE, *Una lettera di Silvio Pellico a Stanislao Marchisio* in *Piccolo archivio storico dell'antico marchesato di Saluzzo, Annata I,* Ristampa anastatica, Saluzzo, Editoriale Rosso, 1987.

ID., *Due lettere di Silvio Pellico* in *Piccolo archivio storico dell'antico marchesato di Saluzzo, Annata I,* Ristampa anastatica, Saluzzo, Editoriale Rosso, 1987.
(Contiene una lettera indirizzata al teologo Borel, datata 18 settembre 1848 ed una lettera indirizzata allo scrittore belga Léger Noel, datata 25 aprile 1839).

S. PELLICO, *Alcune lettere inedite*, a cura di R. RENIER, Torino, Officina Poligrafica Ed. Subalpina, 1911.
(Contiene venti lettere indirizzate al padre somasco Antonio Bottari, scritte tra il 1838 e il 1850).

ID., *Epistolario*, raccolto e pubblicato a cura di G. STEFANI, Firenze, Le Monnier, 1856.

ID., *Due lettere a Giuseppe Montani*, Firenze, Le Monnier, 1858.

ID., *Due lettere inedite*, pubblicate a cura di F. MARTINI, Pescia, Tipografia Benedetti e Niccolai, 1921.
(Contiene una lettera indirizzata all'ex compagno di prigionia Alexandre Andryane, datata 4 novembre 1837 ed una lettera indirizzata allo scrittore Giovanni Sabbatini, datata 17 marzo 1850).

ID., *Due lettere inedite di Antonio Rosmini e di Silvio Pellico a Luigi Fornaciari*, Firenze, Tipografia Carnesecchi, 1847.
(Contiene una lettera di Silvio Pellico datata 15 febbraio 1847).

ID., *Cinque lettere*, pubblicate da E. ROSTAGNO, Saluzzo, Tipografia Lobetti-Bodoni, 1905.
(Contiene due lettere indirizzate a Giampietro Vieusseux, datate rispettivamente 11 marzo 1833 e 23 aprile 1833; una lettera indirizzata all'attrice Angelica Armari

Dalbono, datata 20 maggio 1833; una lettera indirizzata al marchese Cesare Campori, datata 14 agosto 1843 e una lettera indirizzata a Quirina Mocenni Magiotti, datata 1° gennaio 1845).

ID., *Lettera alla signora Quirina Magiotti (la donna gentile) del 12 maggio 1846*, pubblicata da D. MARTELLI, Firenze, [Le Monnier], 1892.

ID., *Lettere a Giorgio Briano: aggiuntevi alcune lettere ad altri e varie poesie*, Firenze, Le Monnier, 1861.
(Contiene cinquantotto lettere indirizzate allo scrittore Giorgio Briano; due lettere indirizzate ad Anna Briano, moglie di Giorgio; due lettere indirizzate a Felice Muletti, tre lettere indirizzate al marchese Roberto D'Azeglio; tre lettere indirizzate al conte Enrico Seyssel; due lettere indirizzate alla contessa Cristina Seyssel; sei lettere indirizzate a Giovanni Arrivabene, sette lettere indirizzate a M. Schmidt oltre alle cantiche: "Tasso e tre amici", "Tancredi", "Alla marchesa Giulia Colbert di Barolo", "L'allegria", "Prima Comunione").

ID., *Lettere alla donna gentile,* pubblicate a cura di L. CAPINERI - CIPRIANI, Roma, Società editrice Dante Alighieri, 1901.
(Contiene centoventidue lettere indirizzate a Quirina Mocenni Magiotti scritte tra il 1816 e il 1847 ed una lettera indirizzata ad Ernestina Martelli, nipote di Quirina, datata 24 ottobre 1849).

ID., *Lettere due edite da Giovanni Marziali in onore di Don Clemente Michetti per il cinquantesimo del suo sacerdozio*, Fermo, Tipografia Mecchi, 1872.
(Contiene una lettera datata 25 giugno 1845, il cui destinatario non è stato identificato ed una lettera, indirizzata al conte Serafino D'Altemps, priva di data).

ID., *Lettere famigliari inedite. Epistolario italiano*, pubblicate dal sacerdote prof. C. DURANDO, Torino, Tipografia Salesiana, 1876.
(Contiene sedici lettere indirizzate ad Onorato Pellico, padre di Silvio, centottanta lettere indirizzate a Luigi Pellico, fratello maggiore di Silvio, e centoventisette lettere indirizzate a Raimondo Feraudi).

ID., *Lettere famigliari inedite. Epistolario francese*, pubblicate dal sacerdote prof. C. DURANDO, Torino, Tipografia e Libreria Salesiana, 1878.
(Contiene tre lettere indirizzate a Margherita Tournier Pellico, madre di Silvio; una lettera indirizzata a Francesco Pellico, fratello minore di Silvio; cinquecento lettere indirizzate a Giuseppina Pellico; dodici lettere indirizzate alla marchesa Giulia Falletti di Barolo).

ID., *Lettere inedite*, pubblicate a cura di L. DELLA VALLE, Modena, Tipografia dell'Immacolata Concezione, 1861.
(Contiene tre lettere indirizzate al sacerdote Paolo Bedoschi, parroco di Chiari in Lombardia, datate

rispettivamente 21 marzo 1840, 31 dicembre 1840 e 6 settembre 1841, ed una lettera, priva di data, indirizzata a Giuseppina Pellico).

ID., *Lettere inedite*, pubblicate da G. CLARETTA, Firenze, Tipografia della Gazzetta D'Italia, 1879.
(Contiene quattordici lettere indirizzate al conte torinese Maurizio Biandrate scritte tra il 1833 e il 1835).

ID., *Lettere inedite a Carlo Muletti*, pubblicate a cura del prof. F. GABOTTO, Saluzzo, Tipografia Bovo e Baccolo, 1901.

ID., *Lettere inedite al conte Andrea Gabrielli*, pubblicate a cura di A. MABELLINI, Fano, Tipografia Letteraria, 1914.

ID., *Lettere inedite a Giovan Battista Carlo Giuliari*, Verona, Franchini, 1900.

ID., *Lettere inedite a suo fratello Luigi*, pubblicate dal sacerdote C. DURANDO, Torino, Tipografia e Libreria dell'Oratorio di S. Francesco di Sales, 1875.

ID., *Lettere milanesi (1815-1821)*, a cura di M. SCOTTI, Torino, Loescher - Chiantore, 1963.

ID., *Lettere scelte al padre Raimondo Feraudi*, pubblicate dal sacerdote prof. C. DURANDO, Torino, Tipografia Salesiana, 1880.

ID., *Mes Prisons. Des devoirs des hommes. Ildegarde. Lettres inédites.* Traduction nouvelle par Madame Woillez, Tours, Mame et C. Editeurs, 1846.
(Contiene due lettere indirizzate a "Madame de B.", indicata come "Madame la comtesse de Benevello" nell'edizione Stefani e 5 lettere indirizzate a "M. le comte de B." In queste lettere tutti i cognomi presentano la consonante iniziale seguita da tre asterischi).

ID., *Poesie e lettere inedite,* pubblicate per cura della Biblioteca della Camera dei Deputati, Roma, Tipografia della Camera dei Deputati, 1898.
(Contiene ventisei lettere indirizzate a Federico Confalonieri scritte tra il 1837 e il 1846 ed una lettera indirizzata alla contessa Sofia O' Ferral, seconda moglie di Federico Confalonieri, datata 20 dicembre 1846).

ID., *Tre lettere dirette al cav. Parenti, console di S.M. Sarda a Livorno*, pubblicate da F. BARIGAZZI, Firenze, Tipografia Landi, 1901.

ID., *Una lettera al cav. Lorenzo Mancini: pubblicata per la prima volta e dichiarata con note sull'autografo della Biblioteca Comunale di S. Gimignano*, Siena, Tipografia Ed. San Bernardino, 1900.

ID., *Una lettera inedita all'abate Giulio Cesare Parolari*, pubblicata a cura di F. MAZZINI, Siena, Tipografia San Bernardino, 1911.

ID., *Una lettera inedita*, Estratto da *Il Buonarroti*, 1885, serie III, Vol. II, Quaderno II, pp. 1-10.
(Contiene una lettera datata indirizzata all'incisore tedesco Karl Voigt che si era convertito al cattolicesimo dopo la lettura de *Le mie prigioni*).

ID., *Una lettera in occasione di matrimonio*, Roma, Tipografia della Camera Apostolica, 1858.

ID., *Un Te Deum inedito di Gaetano Donizetti e una lettera inedita di Silvio Pellico*, Bergamo, Officine dell'Istituto d'arti grafiche, 1907

ID., *Versi per il genetliaco della marchesa Giulia di Barolo preceduti da una lettera alla signora Nina Olivetti*, Firenze, Stabilimento Tipografico Pellas, 1890.
(Contiene una lettera, datata 25 luglio 1845, indirizzata alla poetessa fiorentina Nina Olivetti che aveva composto dei versi per il compleanno della marchesa di Barolo).

Libri di memorie ed epistolari di personaggi dell'Ottocento in cui sono contenute lettere di Silvio Pellico

A. ANDRYANE, *Mémoires d'un prisonnier d'État au Spielberg,* Paris, Ladvocat, 1837-1838, 4 voll.

ID., *Memorie di un prigioniero di stato nello Spielberg, compagno di prigionia di Confalonieri e Silvio Pellico, unica traduzione italiana con l'aggiunta di documenti inediti e rari non compresi nell'originale francese, pubblicata con l'assenso dell'autore dal prof. Abate Francesco Regonati,* Milano, Libreria di Francesco San Vito, 1861, 4 voll.

G. ARRIVABENE, *Intorno ad un'epoca della mia vita, con l'aggiunta di sei lettere inedite di Silvio Pellico,* Torino, Unione Tipografico - Editrice, 1860.
(Contiene sei lettere indirizzate al conte Giovanni Arrivabene, datate rispettivamente 14 dicembre 1838, 14 febbraio 1839, 3 aprile 1843, 1° gennaio 1844, 4 maggio 1844, 17 novembre 1852).

F. CONFALONIERI, *Carteggio,* pubblicato con annotazioni storiche a cura di G. GALLAVRESI, Milano, Società per la storia del risorgimento italiano, 1910-1913, 3 voll.
(Contiene cinquanta lettere indirizzate da Silvio Pellico a Federico Confalonieri, scritte tra il 1819 e il 1846).

ID., *Memorie e lettere,* a cura di G. CASATI, Milano, Hoepli, 1889-1890, 2 voll.

ID., *Memorie*. Nuova edizione a cura di A. M. ORECCHIA, Milano, LED, 2004.

L. DI BREME, *Lettere*. A cura di P. CAMPORESI, Torino, Einaudi, 1966.
(Contiene dieci lettere indirizzate da Silvio Pellico a Ludovico di Breme, scritte tra il 1815 e il 1820).

G. FALLETTI DI BAROLO, *Viaggio per l'Italia: Lettere d'amicizia a Silvio Pellico (1833-1834)*, Casale Monferrato, Piemme, 1994.
(Contiene in appendice il "Piccolo diario" di Silvio Pellico, scritto nell'estate del 1837).

V. GIOBERTI, *Epistolario*, Edizione Nazionale a cura di G. GENTILE e G. BALSAMO CRIVELLI, Firenze, Vallecchi, 1927-1937, 12 voll.
(Contiene quattro lettere indirizzate da Silvio Pellico a Vincenzo Gioberti, scritte tra il 1843 e il 1845).

MATERIALE AGGIUNTO ALLA NUOVA EDIZIONE:

Pietro Borsieri

Autografo – lettera manoscritta senza timbro postale del gennaio 1821 indirizzata a Silvio Pellico

Autografo – lettera manoscritta senza timbro postale del gennaio/febbraio 1821 indirizzata a Luigi Pellico, fratello di Silvio

Autografo – lettera manoscritta senza timbro postale indirizzata alla contessa Costanza Arconati dall'esilio torinese (1848 circa, probabilmente databile per il contenuto all'estate del 1848)

Autografo – lettera manoscritta senza timbro postale indirizzata a Silvio Pellico datata 2 febbraio 1849

Autografo – lettera manoscritta senza timbro postale indirizzata alla contessa Costanza Arconati dall'esilio torinese (1849 circa, probabilmente databile per il contenuto al gennaio 1849)

Autografo – lettera manoscritta senza timbro postale indirizzata alla contessa Costanza Arconati dall'esilio torinese (1849 circa, probabilmente databile per il contenuto al febbraio 1849)

Trascrizione della lettera di Pietro Borsieri a Silvio Pellico (1821)

Caro Silvio

ho rassicurato Luigi sulla tua sorte, noi amici siamo certi dell'innocenza delle tue azioni che le autorità austriache non potranno non riconoscere. Ti invio la mia ultima traduzione dall'inglese in modo che sia per te una compagnia gradevole nei giorni difficili che stai vivendo.

Tuo Pietro

Milano, gennaio 1821

Un ritratto di Pietro Borsieri

Pietro Borsieri (Milano, 16 aprile 1788 – Belgirate, 6 agosto 1852[1]) è stato un patriota e scrittore italiano. Figura centrale nell'esperienza del periodico *Il Conciliatore*, fu intellettuale romantico poi condannato alla prigione e all'esilio.

Indice

[nascondi]

Biografia[modifica | modifica wikitesto]

La Biblioteca Italiana[modifica | modifica wikitesto]

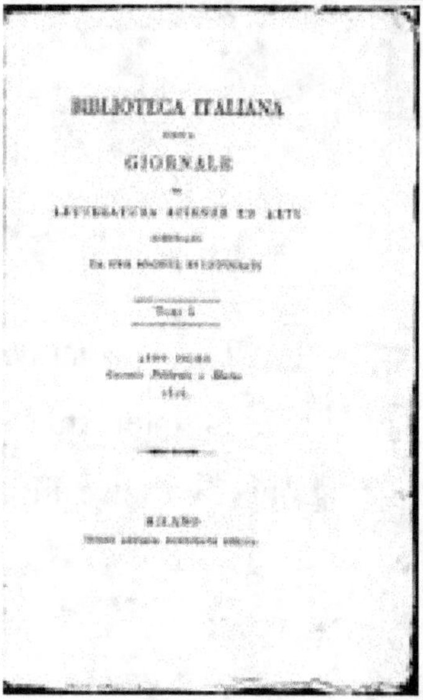

BIBLIOTECA ITALIANA

GIORNALE

Biblioteca Italiana (1816)

Ancora molto giovane, gli venne affidato il compito di redigere il programma del periodico letterario milanese «Biblioteca Italiana»; l'introduzione da lui proposta venne sottoposta a un severo processo di revisione da parte delle autorità austriache che preferirono infine qulla più moderata del Giordani: nella premessa, infatti, il Borsieri tracciava un quadro negativo della stato della cultura italiana sottolineandone le lacune e denunciando l'inutilità di istituzioni culturali come l'Accademia della Crusca. Lo scritto del Bersieri non mancò di allarmare il governatore Sarau che lo censurò immediatamente.

Rimase, comunque, nella redazione con un gruppo di letterati che avrebbe fatto la storia della letteratura italiana: Berchet, Pellico e Ermes Visconti.

Nel 1816 intervenne a difesa della scrittrice francese Madame de Staël nelle furibonde polemiche seguite alla pubblicazione (sul numero del gennaio 1816) dell'articolo *Sulla maniera e la utilità delle Traduzioni*, ove ella invitava gli italiani ad uscire dal loro orgoglioso isolamento e a rinnovare la cultura, studiando le opere poetiche fiorite recentemente fuori d'Italia.

Il Borsieri, insieme al di Breme, davano inizio ad una strenua lotta in favore della nuova letteratura.

A tal fine pubblicò, nello stesso anno, il pamphlet *Avventure letterarie di un giorno*: è un testo dove il protagonista nell'arco di una giornata discute le sue idee con diversi personaggi tipici della Milano dell'epoca che rappresentavano le varie figure di intellettuali classici e romantici con le loro idee e le loro convenzioni sociali e letterarie; l'opera comparve quasi contemporaneamente all'articolo "Intorno all'ingiustizia di alcuni giudizi letterari italiani" del Di Breme, e alla *Lettera semiseria di Grisostomo al suo figliolo* del Berchet.

La discussione aveva un sottofondo politico, allusivo, ma ben comprensibile da un lettore attento, in quanto il giornale, una volta divenuto "romantico", prese a sostenere i valori della stirpe, la religione dell'eroismo e della immolazione per la Patria. La censura austriaca, dunque, intervenne, e impose un riallineamento al tradizionale neoclassicismo italiano.

Il Conciliatore[modifica | modifica wikitesto]

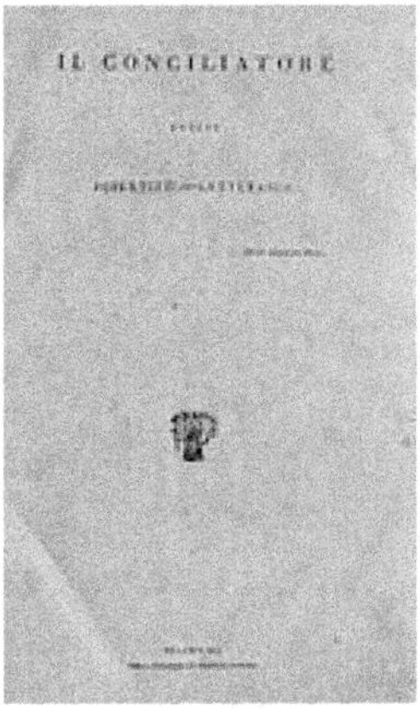

Il Conciliatore (1818)

A questo punto il gruppo sostenitori della letteratura romantica si ritrovò ne "Il Conciliatore", bisettimanale, un giornale che, secondo il programma, avrebbe dovuto trattare di economia, di finanza, e quindi, per necessaria distensione dopo una lettura pesante, anche di letteratura. Il Borsieri si era incaricato della stesura del programma. I finanziamenti giungevano da due ricchissimi nobili di idee patriottiche: Porro Lambertenghi e Confalonieri.

Nell'ottobre 1818, pubblicò su "Il Conciliatore" un lungo saggio per promuovere presso il pubblico italiano "l'Histoire des républiques italiennes au moyen-âge" del Sismondi.

Nel maggio del 1819 seguì con l'articolo in tre puntate "Analisi del pregiudizio secondo le idee del Sismondi" in cui dava conto di un fondamentale contributo del Sismondi apparso nella "Edimburg Encyclopaedia", nel quale lo storico ginevrino analizzava i pregiudizi religiosi radicati nei ceti culturalmente meno progrediti, allo scopo di individuare una complessiva strategia di educazione popolare.

Ovviamente gli esiti de "Il Conciliatore" furono opposti a quelli della "Biblioteca Italiana": sul piano letterale si schierò per il nuovo, contro il classicismo, per l'impegnato, con nuove aperture alle letterature straniere. Sul piano ideologico e politico con orientamento liberale.

La rivista fu massacrata dalla censura austriaca, che la ostacolava anche con un attento disservizio postale, e la pubblicazione durò appena dal settembre 1818 all'ottobre 1819, quando venne chiusa d'autorità.

La repressione del 1821[modifica | modifica wikitesto]

Cadeva, così, l'illusione di poter riformare la cultura e la vita nazionale, nel quadro delle strutture del restaurato Impero Austriaco.

In capo a due anni, molti esponenti de Il Conciliatore vennero imprigionati come carbonari per sedizione. Arrestato il 4 aprile 1822, Borsieri venne condannato a morte insieme al Federico Confalonieri ed altri. La pena venne commutata in 20 anni di carcere duro, allo Spilberg.

Nel frattempo (1823-1824) usciva a stampa a Milano, da Ferrario, in quattro tomi, la traduzione de "l'Antiquario" di Walter Scott.

Rimase allo Spilberg per 14 anni, fino al 1836, quando accettò di commutare i restanti 6 anni di pena in esilio negli Stati Uniti. Ai primi di agosto viene imbarcato a Trieste sul vascello *Ussaro* con destinazione New York, dove vi giunge il 16 ottobre 1836. Con lui viaggiano in esilio altri patrioti come Eleuterio Felice Foresti, Luigi Tinelli, Felice Argenti, Gaetano de Castillia e Giovanni Albinola.

Visse poveramente a New York, Princeton, Filadelfia, insegnando italiano.

La prima guerra di indipendenza[modifica | modifica wikitesto]

Rientrato in Europa nel 1838, nel 1840 gli fu finalmente permesso di rientrare in Italia, quando ormai le sue energie intellettuali erano esauste per i lunghi anni di sofferenza e lontananza dalla patria.

Rifiutò l'ultimo Manzoni, al quale rimproverava di aver tradito gli ideali romantici che li avevano accomunati in gioventù, e polemizzò aspramente con il Cantù.

Venne a lungo ospitato a Villa Monastero di Varenna, nella casa posta a nord della chiesa, affittata ad una delle sue sorelle.

Ebbe qualche parte nelle cinque giornate di Milano.

L'esilio[modifica | modifica wikitesto]

Morì a Belgirate, presso Verbania nel 1852.

Note[modifica | modifica wikitesto]

1. ^ Fonte: *Dizionario Biografico degli Italiani* (Bibliografia). E. Bellorini, nella *Enciclopedia Italiana* (Bibliografia) riporta: "nacque a Milano nel **1786**, morì a Belgirate (Lago Maggiore) il **5 agosto** 1852".

Bibliografia[modifica | modifica wikitesto]

- Atto Vannucci, *I martiri della libertà italiana dal 1794 al 1848*, Firenze, Felice le Monnier, 1860, pp. 255–266. URL consultato il 21 luglio 2016.
- Egidio Bellorini, *BORSIERI, Pietro*, in *Enciclopedia Italiana*, vol. 7, Roma, Istituto dell'Enciclopedia Italiana, 1930. URL consultato il 21 luglio 2016.

- Mario Scotti, *BORSIERI, Pietro*, in *Dizionario biografico degli italiani*, vol. 13, Roma, Istituto dell'Enciclopedia Italiana, 1971. URL consultato il 21 luglio 2016.

Altri progetti[modifica | modifica wikitesto]
Altri progetti

- Wikisource
- Wikiquote
- Wikimedia Commons
- **Wikisource** contiene una pagina dedicata a **Pietro Borsieri**
- **Wikiquote** contiene citazioni di o su **Pietro Borsieri**
- **Wikimedia Commons** contiene immagini o altri file su **Pietro Borsieri**

Collegamenti esterni[modifica | modifica wikitesto]

- C. Contilli, *Dalla prigionia nello Spielberg al ritorno alla vita: la vita dentro e fuori dal carcere di Alexandre Andriane, Federico Confalonieri, Piero Maroncelli, Silvio Pellico, google.com.*

- *Gli ultimi mesi di vita dello scrittore Pietro Borsieri, literary.it.*

http://it.wikipedia.org/wiki/Pietro_Borsieri

Questa pagina è stata modificata per l'ultima volta il 19 set 2017 alle 11:25.

Un ritratto di Gangulphe-Philippe-François-Alexandre Andryane

Gangulphe-Philippe-François-Alexandre Andryane (Jouy-le-Comte, 21 marzo 1797 – Coye, 12 gennaio 1863) è stato un rivoluzionario e politico francese, coinvolto nelle cospirazioni di Filippo Buonarroti in Italia, fu recluso nella fortezza dello

Spielberg dove condivise la cella con Federico Confalonieri; graziato nel 1832, pubblicò un libro di *Memorie* le cui inesattezze irritarono i patrioti italiani.

Indice

[nascondi]

Biografia[modifica | modifica wikitesto]

Nato in una ricca famiglia di commercianti di origine belga, studente in giurisprudenza nel 1814, fu un giovanissimo ufficiale napoleonico durante i "Cento giorni" (1815). Dopo un periodo di sperperi, nel 1820 si sottrasse ai creditori rifugiandosi a Ginevra, dove conobbe e divenne amico di Filippo Buonarroti. Buonarroti lo iniziò alla società segreta degli Adelfi, nominandolo dapprima "sublime maestro perfetto" e poi "sublime eletto".

L'arresto di Andryane

Alla fine del 1822 Andryane fu inviato da Buonarroti in Italia a ricostituire l'organizzazione della setta indebolita a causa dei numerosi arresti che si erano susseguiti nel Lombardo Veneto e in Piemonte in seguito ai processi istruiti da Antonio Salvotti dopo il fallimento dei moti del 1820-1821[1]. Il comportamento di Andryane durante la sua missione in Italia, tuttavia, non fu all'altezza del compito. Giunto a Milano da Ginevra il 26 dicembre 1822, il successivo 18 gennaio subì nella propria abitazione, per opera del conte Bolza, una perquisizione nel corso della quale gli vennero sequestrati numerosi documenti compromettenti che avrebbero dovuto essere distrutti. Inoltre, al contrario di quanto scriverà più tardi nelle sue *Mémoires d'un prisonnier d'état au Spielberg*, Andryane fece gravi ammissioni sull'attività della setta di Buonarroti e sui legami con la setta dei "Federati lombardi" di Federico Confalonieri. Processato con Confalonieri, ebbe la condanna a morte, commutata l'8 gennaio 1824 nel carcere duro a vita da scontare nella fortezza dello Spielberg[2].

Nello Spielberg Andryane condivise per otto anni la cella con Federico Confalonieri. Nel frattempo la cognata di Andryane, Paoline, figlia del celebre giurista francese Philippe-Antoine Merlin de Douai e sorella del generale Eugène, si dedicò alla liberazione del cognato dapprima organizzando tentativi di fuga, successivamente facendo pervenire al governo austriaco richieste di liberazione sottoscritte da numerose personalità francesi quali La Fayette. Nel 1832 Andryane fu graziato dall'Imperatore "piegandosi ad una istanza di famiglia". Tornato in Francia, Andryane si stabilì a Coye-la-Forêt, dove la sua famiglia possedeva una filanda, divenne sindaco del paese e nel 1835 sposò Jeanne-Adèle Bulan, figlia del vicepresidente della camera di commercio di Amiens. Tentò di partecipare alla vita politica francese, presentandosi candidato alle elezioni per il Parlamento francese nel 1842 e nel 1846, ma senza successo. Tornerà in Italia nel 1859 al seguito di Napoleone III durante la seconda guerra di indipendenza.

Dopo il successo delle *Mie prigioni* di Pellico, pubblicate nel 1832, Andryane scrisse le sue memorie uscite a puntate su una rivista francese fra il 1837 e il 1838, e pubblicate in volume a Parìgi da Ladvocat nel 1838[3]. Dedicate a Federico Confalonieri (deportato in America nel 1835), le memorie suscitarono proteste da parte dei patrioti già reclusi nello Spielberg. Giorgio Pallavicino Trivulzio, al confino a Praga, chiese al governo austriaco il permesso di scrivere un libello contro Federico Confalonieri, ritenuto da Pallavicino il suggeritore di Andryane[4]. Tuttavia lo stesso Confalonieri fu anch'esso contrariato dalle *Mémoires*: interruppe i rapporti di amicizia con Andryane e fece sapere che disapprovava la pubblicazione. Antonio Solera, accusato da Andryane di aver fatto la spia per gli austriaci nello Spielberg, pubblicò un suo memoriale contenente in appendice una lettera di solidarietà e amicizia del Confalonieri[5], portò Andryane in tribunale per calunnia e lo costrinse a una ritrattazione nelle edizioni successive in francese[6] e in italiano[7]. In Francia le memorie di Andryane furono considerate affidabili e adatte alla gioventù.

Scritti[modifica | modifica wikitesto]

- *Mémoires d'un prisonnier d'état, par A. Andryane, compagnon de captivité de l'illustre comte Confalonieri*, Parigi, Ladvocat, 1837-1838.
- *Souvenirs de Genève: complément des "Mémoires d'un prisonnier d'Etat"*, Parigi, W. Coquebert, 1839 (Google libri).

Note[modifica | modifica wikitesto]

1. ^ Armando Saitta, *Filippo Buonarroti: Contributo alla storia della sua vita e del suo pensiero*, Roma, Istituto storico italiano per l'età moderna e contemporanea, 1972, *ad indicem*.
2. ^ Michele Lupo Gentile, «Le memorie di un prigioniero di Alexandre Andryane», *Il Risorgimento*, IX:216-220, 1957.
3. ^ *Mémoires d'un prisonnier d'état, par A. Andryane, compagnon de captivité de l'illustre comte Confalonieri*, Paris, Ladvocat, 1838
4. ^ Giorgio Pallavicino Trivulzio, *Spilbergo e Gradisca: scene del carcere duro in Austria, estratte dalle*

memorie di Giorgio Pallavicino, Torino: Stamperia dell'Unione Tip.-Editrice, 1856.

5. ^ *Risposta di Antonio Solera alle calunnie appostegli dal signor Andryane nel suo libro Mémoires d'un prisonnier d'état au Spielberg*, Brescia, Tipografia del Pio Istituto in S. Barnaba, 1848.
6. ^ *Mémoires d'un prisonnier d'état par Alexandre Andryane*, IV ed.; revue par l'auteur et augmentée d'une correspondance inédite de Confalonieri, Parigi, Gaume et Duprey, 1862 (Google libri)
7. ^ *Memorie d'un prigioniero di stato nello Spielberg, di Alessandro Andryane, compagno di prigionia di Confalonieri e Silvio Pellico; unica traduzione italiana, coll'aggiunta di documenti inediti e rari non compresi nell'originale francese, pubblicata coll'assenso dell'autore dal prof. abate Francesco Regonati*, 4 Voll. Milano, Libreria di F. Sanvito, 1861 (Google libri).

Bibliografia[modifica | modifica wikitesto]

- Mario Mirri, *ANDRYANE, Alexandre-Philippe*, in *Dizionario biografico degli italiani*, III, Roma, Istituto dell'Enciclopedia Italiana, 1961. URL consultato il 21 luglio 2016.

Altri progetti[modifica | modifica wikitesto]
Altri progetti

- Wikisource
- Wikimedia Commons
- **Wikisource** contiene una pagina dedicata a **Alexandre-Philippe Andryane**
- **Wikimedia Commons** contiene immagini o altri file su **Alexandre-Philippe Andryane**

Collegamenti esterni[modifica | modifica wikitesto]

- C. Contilli, *Dalla prigionia nello Spielberg al ritorno alla vita: la vita dentro e fuori dal carcere di Alexandre Andriane, Federico Confalonieri, Piero Maroncelli, Silvio Pellico*, *google.com*.

Questa pagina è stata modificata per l'ultima volta il 21 lug 2016 alle 21:44.

SCHEDA BIOGRAFICA DELLA CURATRICE:

Cristina Contilli è nata nel 1977, nel 2001 si è laureata in lettere presso l'università di Macerata con una tesi in storia romana, dopo uno stage presso la Biblioteca Statale di Macerata, è stata ammessa nel 2002 al dottorato di ricerca in Italianistica che ha concluso il primo marzo 2006, discutendo una tesi intitolata "Silvio Pellico Lettere inedite (1830-1853)". Dopo aver ottenuto soltanto l'idoneità al concorso da ricercatrice in letteratura italiana ha lasciato la carriera universitaria e ha svolto il praticantato come giornalista presso literary.it, settimanale culturale on line con sede a Padova. Dal 2010 è iscritta all'ordine dei giornalisti del Veneto, ma ha continuato ad occuparsi di Silvio Pellico di cui ha curato l'edizione completa dell'epistolario per il periodo 1830-1853 e di cui sta ripubblicando a partire dagli autografi poesie autobiografiche e tragedie. Attualmente lavora a contratto per archivi e biblioteche con compiti di catalogazione.

http://independent.academia.edu/ContilliCristina

www.ingramcontent.com/pod-product-compliance
Lightning Source LLC
Chambersburg PA
CBHW071246280526
45788CB00004B/1605
* 9 7 8 1 2 9 1 6 8 0 4 5 4 *